folio cadet ■ pren

**Le Petit Nicolas**
**d'après l'œuvre de René Goscinny**
**et Jean-Jacques Sempé**

Une série animée adaptée pour la télévision par Matthieu Delaporte, Alexandre de la Patellière et Cédric Pilot / Création graphique de Pascal Valdès / Réalisée par Arnaud Bouron. D'après l'épisode « Le match », écrit par Olivier et Hervé Pérouze.
Le Petit Nicolas, les personnages, les aventures et les éléments caractéristiques de l'univers du Petit Nicolas sont une création de René Goscinny et Jean-Jacques Sempé. Droits de dépôt et d'exploitation de marques liées à l'univers du Petit Nicolas réservés à **IMAV EDITIONS**. Le Petit Nicolas® est une marque verbale et figurative enregistrée.



Adaptation : Emmanuelle Lepetit
Maquette : Gatepaille Numédit
Le papier de cet ouvrage est composé de fibres naturelles, renouvelables, recyclables et fabriquées à partir de bois provenant de forêts plantées et cultivées expressément pour la fabrication de la pâte à papier.
Loi n° 49-956 du 16 juillet 1949 sur les publications destinées à la jeunesse
ISBN : 978-2-07-066377-4
N° d'édition : 273507
Dépôt légal : avril 2015
Imprimé en France par I.M.E.

# Le Petit Nicolas

## Le match de foot

Gallimard Jeunesse

# Le Petit Nicolas et ses copains

Maman Papa

Nicolas Alceste Clotaire Eudes

La maîtresse Le Bouillon

Louisette Marie-Edwige Geoffroy Agnan

Aujourd'hui, les garçons ont organisé un match de foot, un vrai, avec la bande au grand complet ! Sur la pelouse du terrain vague, deux équipes s'affrontent : Nicolas, Clotaire, Eudes et Alceste face à Geoffroy, Rufus, Joachim et Maixent.

L'équipe de Geoffroy mène 3 à 2

lorsque le papa de Nicolas fait irruption sur le terrain, une baguette de pain à la main :

– Il est l'heure d'aller déjeuner, Nicolas.

– Oh non, papa, s'il te plaît… encore cinq minutes !

– D'accord. Mais pas plus, sinon on va se faire gronder par maman.

Le match reprend. Rufus s'empare du ballon et fonce vers le but gardé par Alceste quand Eudes le tacle. Rufus tombe et proteste :

– Faute !

Sans l'écouter, Eudes envoie la balle à Nicolas, qui la contrôle du pied.

– La passe ! crie Clotaire posté seul devant le but de Joachim.

Mais Geoffroy et Maixent s'interposent... Le père de Nicolas bondit en secouant sa baguette :

– Fais une louche !

Nicolas suit le conseil. Bingo ! Clotaire shoote... en plein dans le mille !

– ÉGALISATION : 3 - 3 ! s'écrie en chœur l'équipe de Nicolas.

Seulement, Rufus, qui est aussi l'arbitre, donne un coup de sifflet :

– NAN ! Il y a eu faute sur... euh... sur moi.

– Pas du tout ! intervient le papa de Nicolas. Le geste d'Eudes était valable, donc il y a but. Et maintenant, on va déjeuner ! ajoute-t-il en prenant son fils par la main.

Cette fois, Nicolas le suit sans protester. Avant de disparaître derrière la palissade, il lance aux copains :

– Rendez-vous à 15 heures pour la seconde mi-temps !

– Si tu veux… mais je parie que vous n'aurez pas le ballon ! le défie Maixent.

Alceste, Eudes et Clotaire ont emboîté le pas à Nicolas pour rentrer déjeuner eux aussi.

– C'est quoi, cette histoire de ballon ? demande papa en chemin.

– L'équipe qui gagne a le droit de garder le ballon jusqu'au match suivant, explique son fils.

– Et nous, ça fait trois fois de suite qu'on le perd ! soupire Clotaire.

– Il faut trouver le moyen d'inverser la vapeur ! Changer de tactique, par exemple...

– Qu'est-ce que c'est, une tactique ? s'inquiète Clotaire, les sourcils froncés.

– C'est la méthode mise au point avec l'équipe pour remporter le match...

– Vous avez l'air de vous y connaître ! remarque Alceste. Et si vous étiez notre entraîneur ?

Le père de Nicolas ne se fait pas prier :

– Bien sûr ! Passez à la maison après le déjeuner, propose-t-il.

Un peu plus tard, après avoir enfilé son vieux jogging, il débute sa séance d'entraînement en dessinant à la craie un schéma très compliqué sur la porte du garage. Il présente sa fameuse « tactique » aux garçons, assis en tailleur face à lui. Mais Clotaire n'y comprend rien ! Louisette fait alors son entrée dans le jardin.

– Tu tombes bien ! se réjouit Nicolas. On se prépare pour un grand match. Tu veux être notre remplaçante ?

– Elle sait jouer au moins ? marmonne son père, méfiant.

– Avec elle, on est sûrs de gagner ! affirme Eudes, catégorique.

L'entraîneur n'est pas convaincu : une fille footballeuse, de son temps, ça n'existait pas !

– Voyons ça en pratique : mettez-vous en cercle et faites-vous des passes. Moi, je bloque la balle.

Les enfants s'exécutent. Le papa de Nicolas se place devant Louisette et tente de récupérer le ballon... en vain ! La fillette enchaîne les petits ponts et les dribbles. À force de chercher à la

contrer, il finit par tomber à la renverse dans les pots de fleurs : BADABLING !

Tout le monde éclate de rire, y compris le voisin, qui a tout observé par-dessus la haie.

– Je pense que vous êtes prêts pour le match, grommelle l'entraîneur en se relevant.

– Je n'ai pas envie de rater ça, glousse M. Blédurt. Je viens avec vous !

# 3

De retour sur le terrain, l'équipe de Nicolas a la (mauvaise) surprise de voir arriver l'équipe adverse escortée par un policier en uniforme.

– J'ai demandé à mon père d'être l'arbitre, précise Rufus.

Les joueurs se mettent en place.

– Alceste, lâche cette tartine ! rappelle

le père de Nicolas. Tu as besoin de tes deux mains pour défendre ton but.

Alceste abandonne son goûter à contrecœur en le posant sur une des piles de pneus qui délimitent la cage de but.

Le match reprend, animé par les cris du papa de Nicolas :

– On se fait des passes ! Écartez le jeu ! Nicolas, cours plus vite !

Le pauvre M. Blédurt en a les oreilles tout assourdies...

Arrive le père d'Eudes. Aussitôt, le garçon s'empare du ballon et marque, sous les yeux ravis de son papa : 4 à 3 !

– Mon fils est très doué en foot ! parade celui-ci en bombant le torse.

Geoffroy a récupéré la balle. Sans perdre une seconde, il traverse le terrain et s'approche des buts d'Alceste… qui a déserté son poste pour courir après un chien, venu lui dérober sa tartine ! Geoffroy en profite pour marquer.

– FUIIIT ! siffle le père de Rufus. 4 à 4 !

– Non, conteste Nicolas. Ce but ne compte pas, on n'avait pas de gardien !

– C'est votre problème, réplique Rufus. Nous, on a marqué, un point c'est tout.

– On va régler ça par un penalty, décide l'arbitre.

Seulement, Alceste ne revient pas. Qui va garder les buts à sa place ?

– Eudes, tu quittes ton poste d'attaquant et tu y vas ! ordonne le père de Nicolas.

– Mon fils fait ce qu'il veut ! se fâche le père d'Eudes.

– Mais je suis son entraîneur...

– Et mon poing, vous voulez qu'il entraîne votre nez ?

C'est donc Nicolas qui s'y colle, tandis que Louisette le remplace sur le terrain.

Geoffroy recule de quelques pas, puis s'élance...

– OUILLE !

Le garçon s'est blessé le pied en tapant dans la balle. Son tir, dévié, est stoppé par Nicolas.

– YOUPI ! exulte l'équipe du gardien. On mène toujours 4 à 3 !

De son côté, Geoffroy clopine hors du terrain.

– J'ai mal..., gémit-il. Je déclare forfait !

– Dans ce cas, on est obligés de suspendre le match, lâche Rufus.

– C'est pas du jeu ! se rebiffe Clotaire. Vous vous défilez parce que l'on gagne !

Les deux équipes se toisent, prêtes à en découdre.

– Hum..., toussote alors M. Blédurt. Si vous voulez, je peux remplacer Geoffroy ?

Profitant de sa grande taille, le voisin monopolise le ballon. Il franchit le

terrain à pas lourds en bousculant les enfants et tire un vrai boulet de canon... Nicolas a juste le temps de plonger à terre pour éviter d'être assommé.

– FUIIIT ! siffle l'arbitre. 4-4 !

– C'est de la triche ! proteste le père de Nicolas.

– Qui traitez-vous de tricheur ? gronde le père de Rufus en ajustant son képi de policier.

– Euh... personne, se dégonfle aussitôt l'entraîneur.

Le père d'Eudes, lui, ne se laisse pas intimider. Il se plante au milieu de la pelouse :

– Eh bien, on va voir qui est le plus fort ! Sors du terrain, fiston, je vais tous les zlataner.

– Chiche ! rugit le père de Rufus en faisant valser son képi. Rufus, je prends ta place.

– Et moi celle de Nicolas ! décrète illico le père de l'intéressé.

Les trois adultes investissent le terrain, en roulant des mécaniques. Maixent et Joachim, Louisette et Clotaire, qui restent encore en jeu, se sentent bien petits à côté d'eux...

Déçu, Nicolas préfère abandonner le match. Il traverse la rue et s'arrête près d'un mur bordé de poubelles. Il est bientôt rejoint par toute la bande qui a renoncé à jouer :

– Ils tirent trop fort et ils courent trop vite ! râle Joachim.

– Si c'est pour se faire crier dessus sans

avoir le droit de toucher le ballon, non merci ! ajoute Louisette, dégoûtée.

– C'est pas juste ! se révolte Nicolas en tapant dans une boîte de conserve tombée du tas de détritus.

La boîte s'élève en l'air pour atterrir en plein dans le cadre... c'est-à-dire la poubelle.

– Joli tir ! admire Eudes.

Les enfants fixent les poubelles et échangent des regards entendus : ils viennent d'avoir la même idée ! Une minute plus tard, Eudes a traîné une poubelle à un bout du trottoir, Nicolas une seconde à l'autre bout.

– Nos buts sont prêts !

C'est le moment que choisit Alceste pour revenir :

– Attendez, c'est moi le gardien !

– Terrible ! s'exclame Nicolas. On va pouvoir reprendre le match, sans les adultes pour nous chiper le ballon.

Et deux heures plus tard, devinez qui est rentré à la maison, crotté de la tête aux pieds ? Nicolas, bien sûr, et... son papa !

– Mais dans quel état êtes-vous ! se lamente maman en ouvrant la porte.

– C'est que le match était drôlement serré, répond papa embarrassé. Mais on a quand même gagné !

– OUAIS ! triomphe Nicolas en brandissant une vieille boîte de conserve comme un trophée. Et même que cette fois, on a eu le droit de garder le ballon... euh... je veux dire... la boîte !

# je lis tout seul

Pour les jeunes apprentis lecteurs
Niveau 2

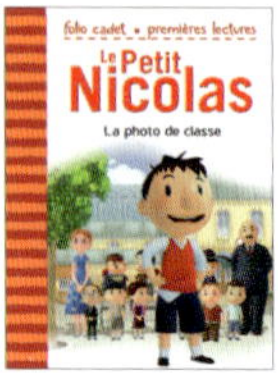

n° 1 *La photo de classe*

n° 2 *Même pas peur!*

n° 3 *Les filles, c'est drôlement compliqué!*

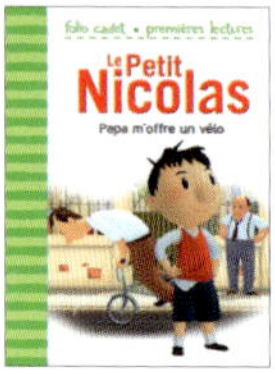

n° 4 *Papa m'offre un vélo*

n° 5 *Le scoop*

n° 6 *Prêt pour la bagarre*

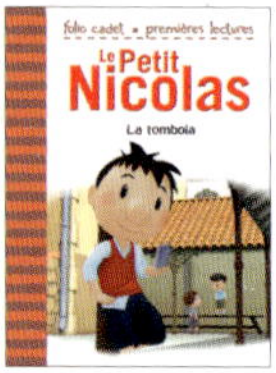

n° 7 *La tombola*

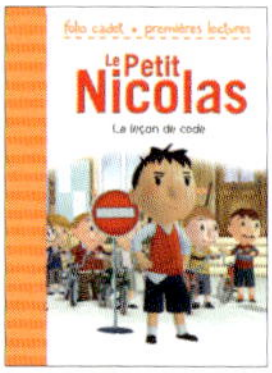

n° 8 *La leçon de code*

n° 9 *Le chouchou a la poisse*

n° 10 *Panique au musée*

n° 11 *Qui veut jouer à la poupée?*

n° 12 *La bande des pirates*

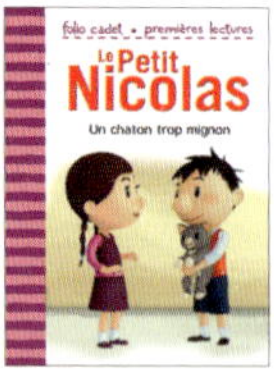

n° 13 *Un chaton trop mignon*

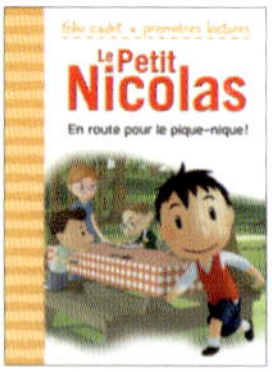

n° 14 *En route pour le pique-nique!*

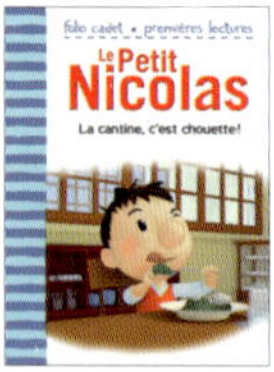

n° 15 *La cantine, c'est chouette!*

n° 16 *On ne parle pas aux chouchous!*

n° 17 *Abracadabra!*

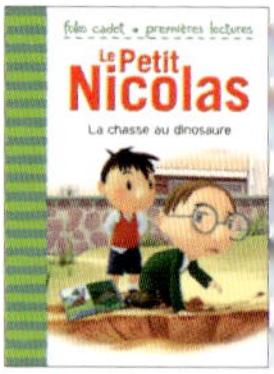

n° 18 *La chasse au dinosaure*

n° 19 *Papa casse mes jouets!*

n° 20 *En garde, chevalier!*

n° 21 *Pas de pitié pour les cafteurs!*

n° 22 *En avant, la musique!*

n° 23 *L'attaque du château fort*

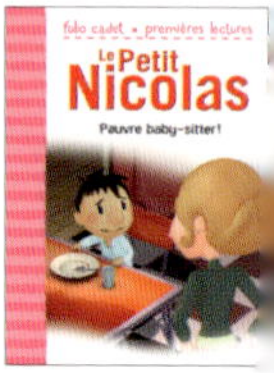

n° 24 *Pauvre baby-sitter!*

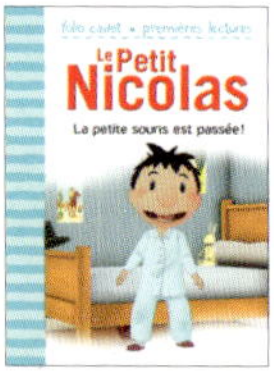

n° 25 *La petite souris est passée!*

n° 26 *Sur la piste des Indiens*

Retrouve tous les titres de la collection
sur www.gallimard-jeunesse.fr
Ils existent aussi en format numérique!